KB086539

토익 노베이스   기초 듣기

토익 필수 발음 현상 ❶

영어 문장을 빠르게 말하다 보면 여러 단어를 마치 한 덩어리처럼 이어서 발음하게 되는데, 이것을 연음이라고 합니다. 이렇게 발음하는 과정에서 소리가 탈락되거나 섞여서 발음이 달라지기 때문에, 개별 단어의 발음만 알고 있으면 문장을 들었을 때 무슨 말인지 알아차리기 어렵습니다. 따라서 이런 발음 현상들을 미리 익혀 둘 필요가 있습니다.

■ bus stop 유형

같거나 유사한 자음이 연달아 오면 발음을 편하게 하기 위해 앞의 자음을 발음하지 않고 뒤의 것 하나만 발음합니다.

" The _____ is over there. "

bus stop
버스 스땁 → 버스땁

next time	넥스타임	commute to work	커뮽투월(r)ㅋ
front desk	프런데스ㅋ	need to	니-투
is supposed to	이써포즈투	product development	프라덕 디벨롭먼ㅌ
gas station	개스떼이션	at least two	앹리-스 투
discount coupon	디스카운 큐판	print this	프린디스

◁)) 토익 문장 듣기

A woman **is standing next to** a table.
여자가 테이블 옆에 서 있다.

The **bus stop** is **next to** a **gas station**.
버스 정류장이 주유소 옆에 있다.

It's **supposed to** rain all weekend.
주말 내내 비 올 거래.

...... be supposed to do ~하기로 되어 있다

■ empty 유형

자음이 3개 이상 겹쳐질 때 중간에 있는 자음은 약화되거나 탈락합니다. 이 현상은 주로 복수형을 만들거나 부사, 과거분사 혹은 자음이 많은 단어 안에서 일어납니다.

> The box is _____.

empty
엠티 (엠프티 x)

gifts	기프ㅊ (기프트스 X)	asked	애슥ㅌ (애스크트 X)
friendly	프렌리 (프렌들리 X)	risks	뤼슥ㅅ (뤼스크스 X)

◁)) 토익 문장 듣기

They are the gifts for my coworkers.
그것들은 제 동료들에게 줄 선물입니다.

I've asked Jenny to look over the contract.
제가 제니 씨에게 계약서를 검토해달라고 부탁했어요.

■ twenty 유형

모음과 모음 소리 사이에 n과 t가 연속해서 -nt- 형태로 만나면, t를 발음하기도 하고 생략하기도 합니다. (미국식)

> This shirt is _____ percent off.

twenty
트웬티 → 트웨니

Internet	이널(r)넷	in front of	인프러너브
center	쎄널(r)	counter	카우널(r)

◁)) 토익 문장 듣기

The Internet is working fine.
인터넷이 잘 되고 있어요.

The new community center opened yesterday.
새 커뮤니티 센터가 어제 오픈했어요.

■ mountain 유형

단어의 발음이 [-tn]으로 끝나면 t 는 콧소리로 발음됩니다. (미국식)

> " I went hiking on the _____. "

mountain
마운튼 → 마운은

button	벝은	curtain	컬(r)은
important	임폴(r)은	certain	썰(r)은
eaten	잍은	fountain	퐈운은

◁》 토익 문장 듣기

A woman is **buttoning** her sweater.
여자가 스웨터의 버튼을 채우고 있다.

Thanks, but I've already **eaten**.
고맙지만, 전 이미 먹었어요.

■ point 유형

-nt로 끝난 단어의 끝소리 [t], [d]는 거의 발음되지 않습니다. (미국식)

> " You made a good _____. "

point
포인트 → 포인

important	임폴(r)은	appointment	어포인먼
assistant	어씨스턴	sandwich	쌔앤위치
accident	액씨던	landscape	랜스케잎

◁》 토익 문장 듣기

I'm waiting for an **important** phone call.
중요한 전화를 기다리고 있어요.

I have an **appointment** with Dr. Smith.
스미스 박사님 진료 예약이 있어요.

Practice | 정답 및 해설 p. 35

음원을 듣고 빈칸을 채워보세요.

1 There's a _____ in front of a building.

2 We _____ hire another office _____.

3 There's a delivery for you at the _____.

4 When are you _____ leave for Singapore?

5 We have some _____ tables.

6 I just _____ Martin to review the report.

7 This _____ is due in a couple of days.

8 There will be _____ people.

9 My _____ is tomorrow.

10 The man is opening some _____.

▲ MP3 바로듣기　　▲ 강의 바로보기

지난 시간에 이어 토익에 자주 등장하는 여러 가지 발음 현상을 알아 봅시다.

■ out of 유형

모음과 모음 사이에 [t]나 [d]가 오면 우리말 'ㄹ'과 비슷하게 들립니다. (미국식)

" We're ＿＿＿＿＿＿＿ paper. "

out of
아웃 오브 → 아우러브

automatically	어러매리껄리	got approval	가러프루(r)벌
item	아이름	put in a vase	푸린어베이스
total	토럴	audience	어리언ㅆ
set up	쎄럺	medical	메리껄
latest	레이리스ㅌ	model	마를
meet a client	미러클라이언ㅌ	instead of	인스떼러브
not at all	나래럴	good at it	구래릿

◁)) 토익 문장 듣기

She's **putting an item** on a shelf.
여자가 물건을 선반 위에 놓고 있다.

How do I **set up** my printer?
프린터를 어떻게 설치하죠?

I **got approval** to work from home.
재택근무 허가를 받았어요.

Flowers have been **put in** a vase.
꽃들이 꽃병에 꽂혀 있다.

We need to **meet again** tomorrow.
우리는 내일 다시 만나야 해요.

George went there **instead of** me.
조지 씨가 저 대신 그곳에 갔어요.

party 유형

[r] 다음에 [t]나 [d]가 오면 우리말 'ㄹ'과 비슷하게 들립니다. (미국식)

" It was a surprise _____. "

party
파티 → 파알(r)리

artist	알(r)리스ㅌ	participant	파(r)리서펀(ㅌ)	affordable	어폴(r)러블
quarter	쿼얼(r)럴(r)	started	스딸(r)릿	order	올(r)럴(r)
certificate	썰(r)리피킷	comfortable	캄퍼(r)러블	garden	갈(r)른

🔊 **토익 문장 듣기**

The new chair is very **comfortable**.
새 의자가 매우 안락해요.

I'll get **started** right away.
제가 지금 바로 시작하겠습니다.

sold out 유형

앞 단어가 자음으로 끝나고 뒤에 오는 단어가 모음으로 시작할 때 연결하여 발음합니다.

" The tickets are _____. "

sold out
쏘울ㄷ 아웃 → 쏘울다웃

a cup of	어커퍼브	fill out	필라웃	took a class	투꺼클래스
half an hour	해퍼나월(r)	pick up	픽껍	Should I	슈라이
fix it	픽씻	ends at noon	앤잿누-운	has offered	해저펄(r)ㄷ

🔊 **토익 문장 듣기**

I need to **pick up a** few things.
몇 가지 물건들을 사 와야 해요.

I can't **make it on** time.
제시간에 못 가겠어요.

It **took a** long time.
시간이 오래 걸렸어요.

■ Did you, meet you 유형

d, t 뒤에 y가 오면 두 발음이 섞여서 동화되어 새로운 발음이 됩니다.

❝ _____ have a good time? ❞

Did you
디드유 → 디쥬

I told you	아이 톨쥬	let you know	레츄노우
Could you	쿠쥬	want you to come	원츄투컴

◁» 토익 문장 듣기

Why **did you** recommend this restaurant?
왜 이 식당을 추천했나요?

Could you help me find my sunglasses?
제 선글라스 찾는 걸 도와주시겠어요?

Okay, I will **meet you** there.
좋아요, 거기서 만나요.

■ h 탈락 유형

he, him, his, her과 같은 3인칭 대명사, has, have와 같은 조동사, here과 같은 부사 등의 첫소리 [h]는 빠른 대화에서 탈락하는 경향이 있습니다.

❝ Don't tell _____. ❞

tell him
텔 힘 → 텔름

let her	레럴(r)	not here	나리얼(r)
like him	라이끔	make her	메이껄(r)
give him	기븜	should have	슈래브
for her	폴럴(r)	would have	우래브

◁» 토익 문장 듣기

I **met him** at the job fair.
저는 그를 취업 박람회에서 만났어요.

I **would have** liked more pictures.
전 그림이 더 많았으면 좋았을 거예요.

음원을 듣고 빈칸을 채워보세요.

1 My computer updates _____.

2 Why don't we _____ the fitness center around 7:30?

3 Next _____ budget has improved.

4 An _____ is listening to a lecturer.

5 I read _____ in a magazine.

6 _____ look over these figures?

7 The _____ are _____ percent off.

8 A man is moving a _____ plant.

9 Should I _____ the application?

10 I didn't think you could _____.

토익 필수 발음 현상 ❸

▲ MP3 바로듣기

▲ 강의 바로보기

조동사 will, would와 완료시제를 만드는 have, has, 그리고 be동사는 일상회화에서 축약해 말할 때가 많습니다. 특히, 주어가 인칭대명사일 때 자주 축약됩니다. 독해를 할 때는 축약된 모양이 보이지만, 듣기에서는 들리는 소리에만 의존해서 의미를 파악해야 하므로, 축약 유형을 미리 알아 두는 것이 유리합니다.

■ 조동사 will, would 축약

will, would는 축약되면서 약하게 발음됩니다. 빠르게 말할 때는 화자에 따라 거의 들리지 않기도 해요. 축약된다고 해서 조동사의 의미가 사라지는 것은 아닙니다. will은 미래/추측의 의미를, would는 가정 또는 공손함을 표현하는 의미를 지니는데, 축약되어도 그 의미는 변하지 않습니다.

will → 'll		would → 'd	
I will → I'll	아일	That will → That'll	대를
You will → You'll	유을	I would → I'd	아이드
He will → He'll	히을	You would → You'd	유드
She will → She'll	쉬을	He would → He'd	히드
It will → It'll	이들	She would → She'd	쉬드
They will → They'll	데일	It would → It'd	잇은
Who will → Who'll	후일	They would → They'd	데이드

◁)) 토익 문장 듣기

I'll be with you in a minute.
제가 곧 당신에게 갈게요.

I suppose **it'll** work.
제 생각엔 그게 통할 것 같아요.

Thanks. **That'll** really help.
고마워요. 그게 정말 도움이 될 거예요.

I'd prefer roast chicken.
전 로스트 치킨으로 할게요.

It'd be nice to buy some snacks.
먹을 것을 좀 사면 좋겠네요.

■ 조동사 have, has 축약

현재완료 시제를 「have/has + p.p.」로 나타내죠. 이때 조동사 have/has는 아래와 같이 축약됩니다. 주의할 것은 '~을 가지고 있다'는 뜻의 일반동사 have는 축약되지 않는다는 것입니다.

have → 've
has → 's

> I have been to Paris.
> → I've been to Paris. (O)
>
> I have a book about Paris.
> → I've a book about Paris. (X)

I have	→ I've	아이브	It has	→ It's	잇츠
You have	→ You've	유브	They have	→ They've	데이브
He has	→ He's	히즈	should have	→ should've	슈르브
could have	→ could've	쿠르브	Tom has	→ Tom's	탐즈

◁》 토익 문장 듣기

I've already signed the contract.
저는 이미 계약서에 서명했어요.

You should've come earlier.
당신은 좀 더 일찍 왔어야 해요.

■ be동사 축약

am → 'm   are → 're   is → 's

I am	→ I'm	아임	It is	→ It's	잇츠
You are	→ You're	유얼(r)	They are	→ They're	데이얼(r)
He is	→ He's	히즈	The man is	→ The man's	더 맨즈
Who is	→ Who's	후즈	There is	→ There's	데얼(r)즈

◁》 토익 문장 듣기

Who's the new branch manager?
누가 새 지점장이죠?

They're shaking hands.
그들은 악수를 하고 있다.

■ 부정어 축약

부정어 not이 축약되면 마지막 t를 거의 발음하지 않거나 아주 약하게 발음합니다. 이 때문에 can과 can't의 구분이 어렵다는 분들이 많은데, 이제 더 이상 헷갈리지 않도록 확실하게 알려드리겠습니다.

be동사 + not → be동사n't
조동사 + not → 조동사n't

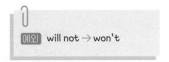
예외 will not → won't

is not	→	isn't	이즌		can not	→	can't	캐앤
are not	→	aren't	알(r)은		could not	→	couldn't	쿠른
do not	→	don't	도운		will not	→	won't	워운
does not	→	doesn't	더즌		did not	→	didn't	디른		would not	→	wouldn't	우른
did not	→	didn't	디른		should not	→	shouldn't	슈른

can't는 [캐앤]으로 발음합니다.
뭔가를 할 수 없다는 말은
꼭 전달해야 하는 메시지이므로
강하게 발음해요.

can은 약하게 [큰]으로 발음해서
다음에 나오는 동사를 강조합니다.

부정 의문문에서 다음과 같이 연음됩니다.

Isn't it	이즈닛	Aren't you	알(r)은츄
Don't you	도운츄	Won't you	워운츄
Doesn't he	더즈니	Shouldn't you	슈른츄

◁》 토익 문장 듣기

My family **doesn't** live there anymore.
우리 가족은 더 이상 그곳에 살지 않아요.

That **won't** be necessary.
그건 필요하지 않을 거예요.

Don't you want to go to the concert tonight?
오늘 밤 콘서트에 가고 싶지 않아?

Practice | 정답 및 해설 p. 36

▲ MP3 바로듣기   ▲ 강의 바로보기

음원을 듣고 빈칸을 채워보세요.

1 _____ a member for years!

2 I suppose _____.

3 _____ last year's quality control report?

4 _____ supervisor tell you?

5 You _____ come earlier.

6 _____ taking a vacation in May?

7 We _____ until March.

8 _____ a special exhibition at the art gallery.

9 _____ hire more programmers?

10 _____ be organizing the conference this year?

영국 / 호주 발음 익히기

▲ MP3 바로듣기 ▲ 강의 바로보기

토익 리스닝을 처음 시작하는 학습자들에게 닥치는 첫 번째 난관은 바로 영국/호주식 발음과 억양입니다. 매우 쉬운 단어인데도 불구하고 영국/호주식 발음에 익숙하지 않아 알아듣지 못하는 경우가 종종 발생하기 때문에 꼭 익히고 넘어가야 합니다.

■ 모음 a 발음

미국: a를 보통 짧게 [애]라고 발음
영국/호주: 길게 [아]라고 발음

	🇺🇸	🇬🇧🇦🇺
answer n. 대답 v. 대답하다	앤썰(r)	안써
after ~후에	애프터	아-프터
ask 묻다	애스ㅋ	아-스ㅋ
grass 잔디	그래ㅅ	그라-ㅅ
plant ~을 심다	플랜ㅌ	플란ㅌ
staff 직원	스태ㅍ	스타-ㅍ
can't ~할 수 없다	캐앤ㅌ	카안ㅌ
sample 샘플, 견본	쌤쁠	쌈쁠
class 수업	클래ㅆ	클라-ㅆ

◁)) 토익 문장 듣기

No one is **answering** the phone.
아무도 전화를 받지 않아요.

I'm free **after** lunch.
저 점심 식사 후에 한가해요.

I'm going to **plant** the **grass** in the garden.
정원에 잔디를 심을 거예요.

Did you attend the **staff** meeting yesterday?
어제 직원 회의에 참석하셨나요?

■ 모음 o 발음

미국: [어] 또는 [애] 로 발음

영국/호주: [오]로 발음

	🇺🇸	🇬🇧🇦🇺
document 문서, 서류	다큐먼트	도큐먼트
job 일, 직업	좌압	조옵
copy 사본	카-피	코-피
often 종종, 자주	어-픈	오프튼
stop 멈추다, 정류장	스땁	스떱
parking lot 주차장	팔(r)킹랏	파-킹롯
got get의 과거형	갓	것

◁》 토익 문장 듣기

I'll give you a **copy** of the **document**. 그 문서의 사본을 드릴게요.

Is there a **parking lot** around here? 근방에 주차장이 있나요?

I've **got** a meeting with the marketing team later. 저는 이따가 마케팅 팀과 회의가 있어요.

■ 자음 r 발음

미국: 혀를 안으로 말아 확실하게 [r] 발음

영국/호주: 혀를 굴리지 않음

	🇺🇸	🇬🇧🇦🇺
cart 카트, 수레	칼(r)트	카-트
there 거기	데얼(r)	데(어)
report 보고서	리폴(r)-트	리포-트
fair 공평한	훼얼(r)	훼어-
board ~에 올라타다	보얼(r)ㄷ	보오드

◁》 토익 문장 듣기

A man is pushing a shopping **cart**. 남자가 쇼핑 카트를 밀고 있다.

Well, she's been **there 20 years**. 음, 그녀는 그곳에 20년 동안 있었어요.

Are you going to the job **fair** tomorrow? 내일 취업 박람회에 가세요?

■ 자음 t/d 발음

미국: 모음 사이에서 [d]와 [t]의 발음을 [ㄹ]이나 [ㄷ]으로 순화시켜 발음
영국/호주: 정확하게 살려서 발음

	🇺🇸	🇬🇧🇦🇺
ladder 사다리	래애럴(r)	래더
notice 공지, 알아차리다	노-리ㅅ	노-티ㅅ
better 더 나은	베럴(r)	베터
photograph 사진	포로그래(r)ㅍ	포토그라(r)프
quarter 분기, 1/4	쿼럴(r)	쿼터
bottom 바닥	바럼	버텀
letter 편지	레럴(r)	레터
counter 카운터	카우널(r)	카운터

◁» 토익 문장 듣기

Sales have increased this **quarter**. 이번 분기에 매출이 늘었어요.

Please sign at the **bottom** of each page. 각 페이지 맨 아래에 서명하세요.

I'm wondering if you received my **letter**. 제 편지를 받으셨는지 궁금합니다.

■ 기타 유의할 발음

	🇺🇸	🇬🇧🇦🇺
schedule 일정, 일정을 잡다	스께줄	쉐줄
where 어디	웨얼(r)	왜(어)
advertisement 광고	애드벌(r)타이즈먼ㅌ	애드버(v)티스먼
vase 꽃병	베이ㅅ	바-ㅅ
author 작가	어썰(r)	오-싸
model 모델, 모형	마를	모들
garage 차고	거롸주	게롸지

◁» 토익 문장 듣기

Did the clients like our **advertisement**? 고객들이 우리의 광고를 마음에 들어 하셨나요?

The grand opening is **scheduled** for May 1. 개업식은 5월 1일로 예정되어 있습니다.

He is a very famous **author**. 그는 매우 유명한 작가이다.

Practice | 정답 및 해설 p. 37

▲ MP3 바로듣기   ▲ 강의 바로보기

음원을 듣고 빈칸을 채워보세요.

1 A window seat would be _____.

2 One of the men is standing on a _____.

3 _____ will the conference be held this year?

4 Let me check the _____.

5 Flowers have been put in a _____.

6 You _____ get us an earlier flight, can you?

7 Did you park in the _____?

8 Some people are _____ an airplane.

9 That _____ is the newest one.

10 Do you have a _____ of the report?

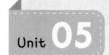

기초 듣기

토익 발음 함정 ❶

▲ MP3 바로듣기　　▲ 강의 바로보기

서로 완전히 다른 단어인데도 발음이 비슷해서 헷갈리는 단어들이 있습니다. 토익은 바로 이 점을 노려 발음이 유사한 어휘들을 오답으로 이용하고 있습니다. 다음에 소개하는 유사 발음 어휘들은 토익에서 오답으로 자주 활용되는 것들입니다. 음원을 듣고 큰 소리로 따라 읽어보세요. 직접 제대로 발음할 수 있어야 확실히 들립니다.

■ [p] vs. [f]

[p]: 우리말 [ㅍ]나 [ㅃ]와 비슷해요. 위아래 입술을 붙였다가 터뜨리면서 내는 소리입니다.
[f]: 윗니로 아랫입술을 살짝 물고 바람을 세게 불어 내보내며 윗니를 뗄 때 나는 소리입니다.

[p]	[f]
pile 쌓다, 더미	file 파일
pair 짝	fair 박람회
copy 사본	coffee 커피

🔊 토익 문장 듣기

Part 1 사진을 제대로 묘사한 문장을 골라보세요.

(A) A **pile** of books are on the floor.
책 더미가 바닥에 놓여 있다.

(B) Some **file** folders are on the desk.
파일 폴더들이 책상 위에 몇 개 있다.

☞ pile을 듣고 file로 착각해 성급하게 (A)를 고르면 틀리게 됩니다.

Part 2 질문에 어울리는 응답을 골라보세요.

Q. Should I make some **coffee**?　　커피를 좀 만들어야 할까요?
(A) Yes. That would be nice.　　네. 그러면 좋겠어요.
(B) 10 **copies**, please.　　사본 열 부를 부탁드려요.

☞ 질문의 coffee를 듣고 이와 발음이 비슷한 copies가 있는 (B)를 고르면 틀리게 됩니다.

■ [b] vs. [v]

[b]: 우리말 [ㅂ]와 비슷해요. 두 입술을 맞붙였다가 뗄 때 나는 소리입니다.

[v]: 윗니를 아랫입술에 살짝 붙였다가 뗄 때 나는 소리로, [ㅂ]에 진동 바람 소리를 섞은 소리가 됩니다.

[b]	[v]
base 기초	vase 꽃병
best 최고의	vest 조끼
curb 연석	curve 커브
globe 지구본	glove 장갑

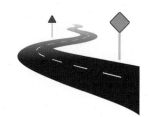

◁))토익 문장 듣기

Part 1 사진을 제대로 묘사한 문장을 골라보세요.

(A) The road **curves** into the distance.
길이 굽이굽이 멀리까지 이어져 있다.

(B) Some bicycles are parked near a **curb**.
자전거들이 연석 부근에 세워져 있다.

☞ curb와 curve의 발음을 정확하게 구분할 수 있어야 해요.

■ [l] vs. [r]

[l]: 혀끝을 윗니 뒤에 댔다가 떼며 내는 소리로, 가벼운 [ㄹ]로 발음됩니다.

[r]: 혀를 목구멍 방향으로 말아서 입천장에 가까이에 한 후 발음하면 무거운 [얼r] 발음이 됩니다.

[l]	[r]
late 늦은	rate 비율
load 싣다	road 길
lead 이끌다	read 읽다
glass 유리	grass 잔디

◁))토익 문장 듣기

Part 2 질문에 어울리는 응답을 골라보세요.

Q. Who's **leading** the project?	누가 프로젝트를 이끌고 있죠?
(A) Mr. Smith from the Sales Department.	영업팀의 스미스 씨요.
(B) He's **reading** a book in the lounge.	그는 휴게실에서 책을 읽고 있어요.

☞ (B)는 질문의 leading과 발음이 비슷한 reading을 이용해 혼동을 주는 오답이에요.

■ [i] vs. [iː]

[i]: 입술과 혀를 긴장시키지 않고 가볍게 입을 벌리고 [이]라고 강하고 짧게 발음합니다.

[iː]: 입술을 좌우로 당기고 혀를 긴장시켜 [이-]라고 길게 끌어 발음합니다.

[i]	[iː]
fill 채우다	feel 느끼다
live 살다	leave 떠나다, 두다
sit 앉다	seat 좌석, 앉히다

◁» 토익 문장 듣기

Part 2 질문에 어울리는 응답을 골라보세요.

Q. Where did you **leave** the client files?   고객 파일들을 어디에 두셨어요?

(A) On your desk.   당신의 책상 위에요.

(B) Yes, I **live** in this area.   네, 저는 이 지역에 살아요.

☞ (B)는 질문의 leave와 발음이 비슷한 live를 이용하여 혼동을 주는 오답이에요.

■ [ou] vs. [ɔː]

[ou]: 두 모음 모두 차례대로 발음하면 되는데, 입을 먼저 동그랗게 모으고 [오]를 먼저 한 후, [우]를 연속으로 붙여 발음하면 [오우]가 됩니다.

[ɔː]: [오]에서 [에]로 넘어가는 소리로 발음하면 됩니다.

[ou]	[ɔː]
cold 추운	called 불리는
low 낮은	law 법
won't (will not)	want 원하다

◁» 토익 문장 듣기

Part 2 질문에 어울리는 응답을 골라보세요.

Q. **Won't** Mr. Park go on a business trip?   박 씨가 출장 가지 않나요?

(A) No, Mr. Baek will.   아뇨, 백 씨가 갈 겁니다.

(B) I **want** some water.   저는 물을 원해요.

☞ (B)는 질문의 won't와 발음이 비슷한 want를 이용해 혼동을 주는 오답이에요.

Practice

| 정답 및 해설 p. 38

▲ MP3 바로듣기

▲ 강의 바로보기

음원을 듣고 문장에 나온 단어를 고르세요.

1 (A) late (B) rate

memo

2 (A) base (B) vase

3 (A) fill (B) feel

4 (A) road (B) load

5 (A) lead (B) read

6 (A) curve (B) curb

7 (A) pile (B) file

8 (A) want (B) won't

9 (A) cold (B) called

10 (A) leaving (B) living

토익 발음 함정 ❷

▲ MP3 바로듣기   ▲ 강의 바로보기

단어의 일부 발음이 비슷해 언뜻 들으면 서로 혼동되는 어휘들이 있습니다. 단어들만 떼어놓고 보면 '이게 왜 헷갈리지?'하고 의아할 수 있지만 이런 어휘들이 문장 속에서 다른 단어들과 섞여 빠르게 지나가며 들리면 순간적으로 헷갈릴 수 있어요. 토익에서는 이러한 약점을 노려 문제를 출제하므로 사전에 확실히 익혀두어야 합니다.

■ 빈출 유사 발음 함정

contact 칸텍ㅌ	v. 연락하다
contract 칸츄랙(r)ㅌ	n. 계약
closing 클로징	n. 폐쇄
clothing 클로딩(ð)	n. 의류 •⋯⋯ [ð] 발음은 우리말에 없기 때문에 따로 연습해 두어야 제대로 들을 수 있어요.
inspector 인ㅅ뻭털(r)	n. 조사관, 검사관
expect 익ㅅ뻭ㅌ	v. 기대하다
supplies 써플라이즈	n. 용품, 물품 •⋯⋯ supplies의 [l] 발음과 surprise의 [r] 발음을 순간적으로 듣고 구분할 수 있어야 해요.
surprise 썰(r)프라(r)이즈	n. 놀람 v. 놀라게 하다
launch 러언츠	n. 출시
lunch 런츠	n. 점심
work 월(r)ㅋ	v. 일하다 •⋯⋯ 영국/호주 영어에서는 work의 [r]발음을 혀를 굴려 하지 않기 때문에 두 발음을 구분하기가 쉽지 않아요.
walk 워-ㅋ	v. 걷다

◁)) 토익 문장 듣기

Part 2 질문에 어울리는 응답을 골라보세요.

Q. Who should we **contact** about the printer?   프린터에 대해 누구에게 연락해야 해요?
(A) I will sign the **contract**.   제가 계약서에 서명하겠습니다.
(B) Mr. Klein in Technical Support.   기술지원팀의 클라인 씨요.

☞ (A)는 질문의 contact와 얼핏 비슷하게 들리는 contract를 이용해 혼동을 주는 오답이에요.

Q. What repair **work** needs to be done?   어떤 수리 작업이 필요합니까?
(A) I haven't checked it yet.   아직 확인 못 해봤어요.
(B) No thanks. I can **walk**.   고맙지만 괜찮아요. 저 걸을 수 있어요.

☞ 영국/호주식 발음에서 work의 [r]이 약하게 발음되면 walk와 비슷하게 들리기 때문에 질문을 제대로 이해하지 못했을 경우 비슷한 소리가 들리는 (B)를 고를 위험이 있죠.

이 외에도, 단어에 강세가 적용되는 뒷부분과 비슷한 소리를 이용해 오답을 만들기도 해요. 들을 때 세게 발음되는 부분이 기억에 강하게 남기 때문에 이를 이용해 순간적으로 헷갈리게 만드는 것이죠.

design 디자인	n. 디자인 v. 디자인하다	····· design과 sign이 완전히 다른데 어떻게
sign 싸인	n. 간판 v. 서명하다	헷갈릴 수 있냐고요? 실제 토익 문제를 풀 때는 순식간에 지나가기 때문에 깜빡 속을 수 있어요.
apply 어플라이	v. 지원하다	
supply 써플라이	v. 공급하다 n. 물품	

◁)) 토익 문장 듣기

Part 2 질문에 어울리는 응답을 골라보세요.

Q. I hope Mr. Lewis likes our **design**.   루이스 씨가 우리 디자인을 좋아하면 좋겠어요.
(A) There's a **sign** on the wall.   벽에 표지판이 있어요.
(B) He already approved it.   그가 이미 승인했어요.

☞ (A)는 질문의 design과 일부 발음이 비슷한 sign을 이용해 혼동을 주는 오답이에요.

■ 알고 있는 발음과 다른 어휘

우리가 '비타민'이라고 흔히 말하는 vitamin의 실제 발음은 [바이러민]입니다. 이를 모르면 대화 중에 [바이러민]이 나왔을 때 이를 '비타민'이라고 이해하기 어렵겠죠. 이렇게 우리가 흔히 알고 있는 발음과 실제 발음이 다른 어휘들 중에 토익에 흔히 등장하는 것들을 모았습니다. 음원을 듣고 올바른 발음을 익혀 두세요.

academy	아카데미 (×) → 어캐더미	n. 학원, 전문학교
allergy	알레르기 (×) → 앨러(r)쥐	n. 알레르기
basic	베이직 (×) → 베이식	a. 기본적인, 기초의
brochure	브로셔 (×) → 브로슈얼(r)	n. 소책자
buffet	뷔페 (×) → 버페이	n. 뷔페
career	캐리어 (×) → 커뤼얼(r)	n. 경력
cashier	캐셔 (×) → 캐쉬얼(r)	n. 현금 출납원
coupon	쿠폰 (×) → 큐판	n. 쿠폰
film	필름 (×) → 피음	n. 필름, 영화
Italy	이태리 (×) → 이를리	n. 이탈리아
leisure	레저 (×) → 리-줠(r)	n. 여가, 자유시간
mayonnaise	마요네즈 (×) → 메여네이즈	n. 마요네즈
model	모델 (×) → 마들	n. 모델
pamphlet	팜플렛 (×) → 팸플릿	n. 팜플렛, 소책자
recipe	레시피 (×) → 레(r)써피	n. 조리법
report	레포트 (×) → 뤼포얼(r)(웃)	n. 보고(서)
sofa	쇼파 (×) → 쏘우퍼	n. 소파
system	시스템 (×) → 시스틈	n. 시스템
vitamin	비타민 (×) → 바이러민	n. 비타민
label	라벨 (×) → 레이블	n. 라벨, 상표 v. 라벨을 붙이다
mountain	마운틴 (×) → 마운튼 / 마운은	n. 산

◁)) 토익 문장 듣기

Sure, we accept that **coupon**.
그럼요, 그 쿠폰 받습니다.

Some customers are handing money to a **cashier**.
몇몇 손님들이 계산원에게 돈을 건네고 있다.

I've seen the **film** several times.
그 영화 몇 번 봤어요.

I'm designing new **labels** for our **vitamin** products.
우리 비타민 제품에 붙일 새 라벨을 디자인 중이에요.

Practice

정답 및 해설 p. 38

▲ MP3 바로듣기   ▲ 강의 바로보기

음원을 듣고 질문에 알맞은 응답이면 O, 아니면 X로 표시해 보세요.

1   What time are you closing the store?

(A) _____

(B) _____

memo _____

2   When will the safety inspector visit the factory?

(A) _____

(B) _____

3   Why didn't Sam apply for the position?

(A) _____

(B) _____

4   Do you want to review the report?

(A) _____

(B) _____

5   What supplies do we need?

(A) _____

(B) _____

내용어 듣기

'난 듣기가 약하니까 제대로 해봐야지' 하고 받아쓰기를 시작하는 분들이 계십니다. 토씨 하나 안 놓치고 받아쓰려고 애를 쓰곤 하는데, 이는 굉장히 잘못된 방법입니다. 토익에서 중요한 것은 내용상 중요한 단어들을 제대로 듣고 대화/담화의 흐름을 파악하는 것입니다. 문장을 100% 듣지 못해도 내용상의 핵심어만 제대로 들으면 들은 단어들로 내용을 엮어 이해하여 문제를 풀 수 있습니다.

■ 내용어

문장의 의미를 파악하는 데 꼭 필요한 핵심 어휘들을 내용어라고 하고, 이 핵심어들을 연결하는 문법적 역할을 하는 말을 기능어라고 합니다. 우리가 듣기를 할 때 유의해 들어야 할 것이 바로 이 내용어입니다.

내용어	해당 품사	명사, 동사, 형용사, 부사, 숫자, 의문사
	특징	강세가 있어 소리가 똑똑히 들림
기능어	해당 품사	대명사, 전치사, 관사, 접속사, 조동사
	특징	강세가 없어서 빠르게 지나가며 소리가 거의 안 들리기도 함

The **flight** from **Chicago** has been **delayed two hours**.

큰 글자로 강조된 것들이 내용어입니다. 이 단어들만 들어도 무슨 말을 하려는지 대략 알 수 있죠?

❶ 명사 (특히 고유명사)와 일반동사

사람 이름, 장소 이름, 사물 이름 등은 중요한 정보이므로 문장에서 강하게 발음됩니다. 하지만 대명사(it, they, you, he, she, they 등)는 강조하지 않습니다. 앞에서 이미 나온 명사를 대신하기 때문에 또 강조할 필요가 없는 거죠. 또한 누가 무엇을 했는지가 가장 중요한 메시지이므로 자연스럽게 동사가 강조됩니다. 단, 조동사(do, does, did, have, can, may, will 등)는 동사를 보조하는 역할을 하므로 강조되지 않아요.

Ⓐ Kate will **make** the **presentation.**   케이트 씨가 발표를 할 겁니다.

Ⓑ She knows the **material best.**   그녀가 자료를 가장 잘 알죠.

Ⓐ Did Arnold move to the **third floor?**   아놀드 씨가 3층으로 옮겼나요?

Ⓑ Yes, I **saw** him **there** this **morning.**   네, 오늘 아침에 거기서 그를 봤어요.

❷ 부정어

부정어에는 not, no, never, none, hardly 등이 있습니다. 부정어는 문장의 내용을 완전히 반전시킬 수 있는 요소이므로 강하게 발음되기 때문에 확실히 잘 들립니다. 앞에서 조동사는 강조하지 않는다고 했는데, 부정어 not과 결합하면(don't, doesn't, haven't, can't 등) 강조해서 발음합니다.

Ⓐ This **e-mail** from **Ms. Wade** is **not clear.**   웨이드 씨에게서 온 이메일은 명확하지 않아요.

Ⓑ I **didn't understand** it, **either.**   저도 이해 못했어요.

❸ 의문문을 이끄는 의문사

When, Where, Who, Why, Whom, Which, How 와 같은 의문사는 질문의 핵심이므로 당연히 강하게 발음되고, 들을 때도 절대 놓쳐서는 안 되는 요소입니다. 단, 절과 절을 이어주는 역할을 하는 관계사 who, which, when, where 등은 기능어이므로 약하게 발음됩니다.

Ⓐ When did you **buy** a new **phone?**   언제 새 전화기를 샀어요?

Ⓑ Last week when it was on **sale.**   지난주에 할인할 때요.

❹ 숫자나 시간, 장소를 나타내는 표현

숫자, 시간, 장소 역시 대화에서 중요한 정보이므로 얼버무리지 않고 또박또박 발음되며, 이 부분을 놓치지 않고 들어야 정답을 고를 수 있습니다.

Ⓐ I **made** a **dinner reservation** for **7 o'clock.**   7시에 저녁 식사 예약을 했어요.

Ⓑ But the **show starts** at **7:30.**   하지만 쇼가 7시 30분에 시작해요.

■ 끊어 듣기

토익 Part 1, 2에는 짧은 문장이 나오지만 Part 3, 4에 가면 문장이 길어집니다. 긴 문장을 따라가기 힘든 이유는 문장을 의미 단위로 끊어 듣지 못하기 때문입니다. 구나 절 단위로 끊어 듣는다면 긴 문장도 쉽게 이해할 수 있습니다.

① 전치사구(부사구)

시간, 장소, 용도를 나타내는 전치사구(부사구) 앞에서 끊어 들으면 이해하기 쉽습니다.

> 우리는 일할 것이다　　　 출시 행사에서　　　 새 노트북 제품을 위한　　 이번 토요일에
> We'll be working / at the launch event / for the new laptop / this Saturday.
>
> 서류를 복사해야 해요　　　　 오늘 오후에　 회의를 위해서
> I need to copy some documents / this afternoon / for a meeting.

② 명사절

I think, I believe, I heard, I noticed, I'm afraid 다음에 that을 쓰기도 하고 생략하기도 하는데, 목적어 자리의 명사절이 시작되는 앞에서 끊어서 이해하면 좋습니다.

> 들었어요　　　　 영업 상을 받는다고　　　　　 토론토에서　 다음 주에
> I heard / (that) you're receiving the sales award / in Toronto / next week.

③ 형용사절

명사를 설명해주는 형용사절 앞에서 끊어서 이해해 보세요.

> 누군가가 필요해요　　　↶　 경력이 있는　　 마케팅에
> We'll need someone / who has experience / in marketing.

④ 부사절

이유(because, since), 시간(when, while, after, before), 조건(if), 목적(so that) 등을 나타내는 부사절 접속사 앞에서 끊어 보세요.

> 전화했어요　　　　　 수수료를 아직 못 받아서　　　↶　 우리가 합의했던
> I'm calling / (because) I still haven't been paid the fee / that we agreed on.
>
> 저 좀 만나줄 수 있나요　　　 돌아오면　　　 회의에서
> Could you meet me / (when) you come back / from the meeting?

Practice | 정답 및해설 p. 39

▲ MP3 바로듣기

▲ 강의 바로보기

음원을 듣고 빈칸을 채워보세요.

1 A: _____ designed the new _____?
   B: _____ did.

2 A: _____ did you _____ your _____?
   B: _____ to the post office.

3 A: _____ are we going to _____ this project on time?
   B: By _____ temporary workers.

4 A: Is Dr. Smith _____ on _____?
   B: No, but she can _____ you on _____.

5 A: I'll _____ you up at your _____ at _____ in the
      evening.
   B: How about _____ instead?

주어진 문장을 구 또는 절의 의미 단위로 끊어 보세요.

예시 Can I quickly run downstairs / to buy a coffee / before I get started?

6 Why don't you take a seat while you wait for your appointment?

7 I still can't believe I got the award this year!

8 Could you give me the report before you leave?

9 Why don't we plan a special event where all desserts are free?

10 We won't have enough workers today because Sam and Diane will be busy at another
   event.

토익 LC 기초 시제

토익 LC는 Part 1에서부터 상당히 다양한 시제들이 등장합니다. 시제들이 태와 결합하면 더욱 복잡해지기 때문에 토익 LC의 기본이 되는 시제들을 미리 정리해 두는 것이 필요합니다.

■ 현재 시제

사람, 사물의 현재 위치나 상태를 묘사할 때 사용되며, '~이다, ~이 있다'라는 의미를 나타냅니다.

주어 + be동사 + 전치사구	There is/are +	주어 + be동사 + p.p.
am/are/is	주어 + 전치사구	am/are/is
주어가 ~에 있다	주어가 ~에 있다	주어가 ~되어 있다

Some books are on the table.
몇 권의 책이 테이블 위에 있다.

There are some books on the table.
테이블 위에 몇 권의 책이 있다.

There is a mug on the table.
테이블 위에 머그컵이 있다.

Some books are stacked on the table.
몇 권의 책이 테이블 위에 쌓여 있다.

■ 현재진행 시제

토익 Part 1의 사람이 등장하는 사진 묘사에서 주로 쓰이므로, 사진에 사람의 동작이 보이면 선택지에 현재진행 시제들이 나올 것을 예상하고 듣도록 합니다. 이렇게 미리 마음의 준비를 하고 들으면 정답을 맞힐 확률이 크게 높아집니다.

주어 + be동사 + 동사ing + (동사의 목적어 or 전치사구)
am/are/is

A woman is wearing a backpack.
여자가 배낭을 메고 있다.

A woman is hiking through a forest.
여자가 숲을 걷고 있다.

■ 현재진행 수동태 시제

현재진행을 나타내는 동사 형태(be동사 + -ing)와 수동태(be동사 + p.p.)가 결합하면 다음과 같은 구조가 됩니다. 수동태가 '~되다'라는 뜻이므로 현재진행 수동태는 '~되는 중이다, ~되고 있다'라고 해석합니다. 사물에 현재 행해지는 동작을 나타낼 때 쓰이며, 「be being p.p.」라고 외워 두면 쉽습니다.

주어 + be동사 + being + p.p.

be동사 + -ing (현재진행)

be동사 + p.p. (수동태)

A table is being cleaned.
테이블이 닦이고 있다.

A floor is being mopped.
바닥이 대걸레로 닦이고 있다.

■ 현재완료 시제

현재완료 시제의 기본 형태는 「have/has + p.p.」입니다. 특정 동작이 종료된 후의 상태나 결과를 묘사할 때 주로 쓰입니다. 토익 Part 1에서 주로 교통수단이나 사물의 정지 상태를 표현할 때 등장합니다.

have/has + p.p. (+ 수식어구)

A train has stopped at the platform.
기차가 플랫폼에 멈춰 서 있다.

Passengers **have gathered** to board a train.
승객들이 기차를 타기 위해 모여 있다.

■ 현재완료 수동태 시제

기본적인 수동태(be동사 + p.p.)와 현재완료를 나타내는 동사 형태(have/has + p.p.)가 결합하면 다음과 같은 구조가 되며, '~되었다'라고 해석합니다. 사물에 동작이 행해진 후의 상태를 묘사할 때 쓰이며, 「have been p.p.」라고 외워 두면 쉽습니다. 현재 수동태(be동사 + p.p.)와 의미 차이가 없습니다.

$$\text{have/has + been + p.p. + 전치사구}$$

have + p.p. (현재완료)

be동사 + p.p. (수동태)

Cushions have been arranged on a couch.
쿠션이 소파 위에 정리되어 있다.

Flowers have been put in a vase.
꽃이 화병에 꽂혀 있다.

A table has been placed in front of a couch.
테이블이 소파 앞에 놓여 있다.

Practice 정답 및 해설 p. 40

▲ MP3 바로듣기   ▲ 강의 바로보기

음원을 듣고 해당 문장이 묘사하는 사진을 골라보세요.

1 (A)   (B)

2 (A)   (B)

3 (A)   (B)

4 (A)   (B)

5 (A)   (B)

토익 노베이스 기초 듣기
정답 및 해설

Unit 01 토익 필수 발음 현상 ❶

Practice

1. There's a <u>fountain</u> in front of a building.
건물 앞에 분수가 있다.

어휘 **fountain** 분수

2. We <u>need to</u> hire another office <u>assistant</u>.
우리는 사무실 보조원을 한 명 더 채용할 필요가 있다.

어휘 **hire** ~을 채용하다 **another** 또 하나의 **assistant** 보조원

3. There's a delivery for you at the <u>front desk</u>.
프론트 데스크에 당신에게 온 배달물이 있습니다.

어휘 **delivery** 배달, 배달물

4. When are you <u>supposed to</u> leave for Singapore?
당신은 언제 싱가포르로 떠나기로 되어 있나요?

어휘 **be supposed to do** ~하기로 되어 있다 **leave for** ~로 떠나다

5. We have some <u>empty</u> tables.
빈 테이블이 몇 개 있습니다.

어휘 **empty** 빈

6. I just <u>asked</u> Martin to review the report.
방금 마틴에게 보고서를 검토해 달라고 요청했어요.

어휘 **ask A to do** A에게 ~할 것을 요청하다 **review** ~을 검토하다

7. This <u>assignment</u> is due in a couple of days.
이 과제는 며칠 후에 제출해야 합니다.

어휘 **assignment** 과제 **be due + 일시**: ~까지가 마감이다

8. There will be <u>at least twelve</u> people.
적어도 12명의 사람들이 있을 것입니다.

어휘 **at least** 적어도

9. My <u>first day</u> is tomorrow.
저의 첫 날은 내일입니다.

10. The man is opening some <u>curtains</u>.
남자가 커튼을 열고 있다.

Unit 02 토익 필수 발음 현상 ❷

Practice

1. My computer updates <u>automatically</u>.
내 컴퓨터는 자동으로 업데이트된다.

어휘 **update** 업데이트하다, (새로운 정보로) 갱신하다 **automatically** 자동적으로

2. Why don't we <u>meet at</u> the fitness center around 7:30?
7시 30분쯤에 피트니스 센터에서 만나는 게 어때?

어휘 **around** ~쯤에

3. Next <u>quarter's</u> budget has improved.

다음 분기 예산이 증가했어요.

어휘 quarter 분기 budget 예산 improve 향상되다

4. An <u>audience</u> is listening to a lecturer.
청중이 강연자의 이야기를 듣고 있다.

어휘 audience 청중 lecturer 강연자

5. I read <u>about it</u> in a magazine.
저는 그걸 잡지에서 읽었어요.

6. <u>Could you</u> look over these figures?
이 수치를 검토해 주시겠어요?

어휘 look over ~을 검토하다 figure 수치

7. The <u>items</u> are <u>forty</u> percent off.
물건들이 40퍼센트 할인 중이다.

어휘 item 물건

8. A man is moving a <u>potted</u> plant.
한 남자가 화분을 옮기고 있다.

어휘 move ~을 옮기다 potted plant 화분

9. Should I <u>fill out</u> the application?
신청서를 작성해야 하나요?

어휘 fill out ~을 작성하다 application 신청서, 지원서

10. I didn't think you could <u>make it</u>.
당신이 올 거라고 생각하지 못했어요.

어휘 make it (모임 등에) 가다, 참석하다

Unit 03 토익 필수 발음 현상 ❸

Practice

1. I've <u>been a</u> member for years!
저는 수년간 회원이었어요!

2. I suppose <u>it'll work</u>.
제 생각엔 그게 통할 것 같아요.

어휘 suppose 추정하다, 추측하다 work 효과가 나다

3. <u>Where's</u> last year's quality control report?
작년의 품질 관리 보고서는 어디에 있나요?

어휘 quality control 품질 관리

4. <u>Didn't your</u> supervisor tell you?
당신의 상관이 말해주지 않았나요?

어휘 supervisor 감독관, 상사

5. You <u>should've</u> come earlier.
당신은 더 일찍 왔어야 해요.

어휘 should have p.p.: ~했어야 하다

6. <u>Aren't you</u> taking a vacation in May?
5월에 휴가를 가시지 않나요?

어휘 take a vacation 휴가를 가다

7. We <u>won't know</u> until March.
3월이 되어야 알 수 있을 거예요.

어휘 **won't**: will not의 축약형 **not A until B**: B가 되어서야 A하다

8. There's a special exhibition at the art gallery.
미술관에 특별 전시가 있어요.

어휘 **exhibition** 전시 **art gallery** 미술관

9. Shouldn't we hire more programmers?
더 많은 프로그래머를 채용해야 하지 않나요?

어휘 **hire** ~을 채용하다 **programmer** 프로그래머

10. Won't you be organizing the conference this year?
당신이 올해 학회를 준비하시지 않나요?

어휘 **organize** ~을 조직하다, 준비하다 **conference** 학회, 회의

Unit 04 영국/호주 발음 익히기

Practice

1. A window seat would be better.
창가 좌석이 더 좋을 것 같아요.

어휘 **window seat** 창가 좌석 cf. **aisle seat** 통로 좌석

2. One of the men is standing on a ladder.
남자들 중 한 명이 사다리 위에 서 있다.

어휘 **ladder** 사다리

3. Where will the conference be held this year?
올해 학회는 어디에서 열리나요?

어휘 **be held** 열리다, 개최되다

4. Let me check the schedule.
제가 일정을 확인해 보겠습니다.

어휘 **let A + 동사원형**: A가 ~하도록 하다 **schedule** 일정(표)

5. Flowers have been put in a vase.
꽃들이 화병에 꽂혀 있다.

어휘 **put** ~을 놓다 **vase** 꽃병

6. You can't get us an earlier flight, can you?
저희에게 더 빨리 출발하는 비행편을 구해주실 수 없죠, 그렇죠?

어휘 **get A B**: A에게 B를 구해주다

7. Did you park in the garage?
차고에 주차하셨나요?

어휘 **park** 주차하다 **garage** 차고

8. Some people are boarding an airplane.
몇몇 사람들이 비행기에 타고 있다.

어휘 **board** ~에 오르다, 타다

9. That model is the newest one.
그 모델이 가장 최신 거예요.

10. Do you have a copy of the report?
보고서 사본을 갖고 계세요?

어휘 **copy** 사본

Unit 05 토익 발음 함정 ❶

Practice

1. (A) I was <u>late</u> because I was caught in traffic.
교통 체증에 갇혀서 늦었어요.

어휘 **be caught in traffic** 교통 체증에 갇히다

2. (B) There is a <u>vase</u> on the table.
테이블 위에 화병이 있다.

어휘 **vase** 화병

3. (A) Can you <u>fill</u> out this form, please?
이 서식을 작성해 주시겠어요?

어휘 **fill out** ~을 작성하다 **form** 서식

4. (A) Why is the <u>road</u> closed?
왜 길이 막혀 있죠?

어휘 **road** 길 **closed** 폐쇄된

5. (A) Mr. Donner is going to <u>lead</u> an orientation session.
도너 씨가 오리엔테이션 시간을 이끌 거예요.

어휘 **lead** ~을 이끌다, 주도하다 **orientation** 예비 교육 **session** 특정 활동을 위한 시간

6. (B) Some bicycles are parked near a <u>curb</u>.
몇 대의 자전거가 연석 근처에 세워져 있다.

어휘 **park** ~을 주차하다 **near** ~ 근처에 **curb** 연석

7. (A) A <u>pile</u> of boxes are on the floor.
바닥에 상자 더미가 있다.

어휘 **pile** 더미 **floor** 바닥

8. (B) We <u>won't</u> know until Monday.
월요일이 되어야 알게 될 것입니다.

어휘 **not A until B**: B가 되어서야 A하다

9. (B) Have you <u>called</u> Customer Service for help?
고객 서비스 부서에 전화해서 도움을 요청했나요?

어휘 **Customer Service** 고객 서비스 (부서)

10. (A) When are we <u>leaving</u> for dinner?
저녁 먹으러 언제 나갈 건가요?

어휘 **leave** 떠나다, 나서다

Unit 06 토익 발음 함정 ❷

Practice

1. What time are you closing the store?
(A) At 6 P.M. [O]
(B) In the clothing department. [X]

가게를 몇 시에 닫습니까?
(A) 오후 6시요.
(B) 의류 매장에서요.

어휘 **close** 문을 닫다 **clothing department** 의류 매장

2. When will the safety inspector visit the factory?
(A) He didn't expect it. [X]
(B) Monday at the latest. [O]

언제 안전 검사관이 공장을 방문할 건가요?
(A) 그는 그걸 예상하지 못했어요.
(B) 늦어도 월요일이요.

어휘 **safety** 안전 **inspector** 조사관 **visit** ~을 방문하다
factory 공장 **expect** ~을 기대하다 **at the latest** 늦어도

3. Why didn't Sam apply for the position?
(A) In the supply room. [X]
(B) He isn't qualified. [O]

샘 씨가 왜 그 직책에 지원하지 않았죠?
(A) 비품실에요.
(B) 그는 자격이 되지 않아요.

어휘 **apply for** ~에 지원하다 **position** 직책 **supply room**
비품실 **qualified** (지식, 기술 등을 갖춰) 자격이 있는

4. Do you want to review the report?
(A) That's a beautiful view. [X]
(B) I read it twice. [O]

보고서를 검토하고 싶으세요?
(A) 아름다운 경치네요.
(B) 저는 그걸 두 번 읽어봤어요.

어휘 **review** ~을 검토하다 **view** 경치, 전망 **twice** 두 번

5. What supplies do we need?
(A) That surprised me, too. [X]
(B) Just some paper and pencils. [O]

우리에게 어떤 물품들이 필요한가요?
(A) 그게 저도 놀라게 했습니다.
(B) 종이 몇 장과 연필 몇 자루 정도요.

어휘 **supply** 비품, 물품 **need** ~을 필요로 하다 **surprise** ~을
놀라게 하다

Unit 07 내용어 듣기

Practice

1. A: Who designed the new logo?
B: James did.

A: 누가 새 로고를 디자인했나요?
B: 제임스가 했어요.

2. A: Where did you park your car?
B: Next to the post office.

A: 당신의 차를 어디에 주차했나요?
B: 우체국 옆에요.

어휘 **next to** ~의 옆에

3. A: How are we going to finish this project on
time?
B: By hiring temporary workers.

A: 어떻게 이 프로젝트를 제때 끝내죠?
B: 임시 근로자를 고용해서요.

어휘 **finish** ~을 끝내다 **on time** 제때 **hire** ~을 고용하다
temporary 임시의

4. A: Is Dr. Smith available on Tuesday?
B: No, but she can see you on Friday.

A: 스미스 박사님이 화요일에 시간이 되시나요?
B: 아뇨, 하지만 금요일에 당신을 보실 수 있어요.

어휘 **available** 시간이 나는

5. A: I'll pick you up at your hotel at 8:30 in the
evening.
B: How about 9:00 instead?

A: 제가 저녁 8시 30분에 당신의 호텔로 데리러 갈게요.
B: 그 대신 9시는 어때요?

어휘 **pick A up:** A를 데리러 가다 **instead** 대신에

6. Why don't you take a seat / while you wait / for
your appointment?
앉지 그래요 / 기다리는 동안 / 당신의 예약 시간을 위해

어휘 **Why don't you + 동사원형:** ~하는 게 어때요? **take a
seat** 착석하다 **appointment** 약속

7. I still can't believe / I got the award / this year!
전 아직도 못 믿겠어요 / 제가 상을 받았다는 것 / 올해

어휘 **believe (that)** ~라는 점을 믿다 **award** 상

8. Could you give me the report / before you leave?
보고서를 제게 주실래요 / 나가시기 전에

어휘 **leave** 떠나다, 나가다

9. Why don't we plan a special event / where all
desserts are free?
특별 행사를 기획하는 게 어때요 / 모든 디저트가 무료인

어휘 **plan** ~을 계획하다 **event** 행사 **dessert** 디저트 **free**
무료의

10. We won't have enough workers today / because
Sam and Diane will be busy / at another event.
오늘 일하는 사람이 충분치 않을 거예요 / 샘과 다이앤이 바쁠
것이기 때문에 / 다른 행사에서

어휘 **enough** 충분한 **busy** 바쁜 **another** 또 다른

Unit 08 토익 LC 기초 시제

Practice

1. (B) Flowers are being watered.
꽃들에 물이 뿌려지고 있다.

어휘 **water** v. ~에 물을 뿌리다

2. (A) A rug has been rolled up.
양탄자가 말려져 있다.

어휘 **rug** 양탄자 **roll up** ~을 둘둘 말다

3. (B) There is an umbrella on a beach.
해변에 파라솔이 있다.

어휘 **umbrella** 우산, 양산, 파라솔

4. (A) A woman is serving food.
여자가 음식을 서빙하고 있다.

어휘 **serve** (식당 등에서 음식을) 제공하다

5. (A) She has put a laptop computer on her lap.
여자가 노트북 컴퓨터를 무릎에 놓은 채로 있다.

어휘 **lap** 무릎